NOTICE

SUR

La Vie

DE

SAINT MERRY

ET

OFFICE

POUR LE JOUR DE SA FÊTE.

NOTICE

SUR

La Vie

DE

SAINT MERRY

ET

OFFICE

POUR LE JOUR DE SA FÊTE.

PARIS.

SIMONET-DELAGUETTE, IMPRIMEUR,
Rue Ste-Croix-de-la-Bretonnerie, 48.

1858.

NOTICE

SUR

LA VIE

DE

Saint Merry.

———◆———

L'Apôtre nous avertit d'avoir toujours présents à la mémoire ceux que nous regardons comme nos pères selon l'esprit ; afin qu'ayant sans cesse devant les yeux les merveilles de leur vie et de leur mort, ces grands exemples de foi et de charité qu'ils nous ont laissés, fassent une vive impression sur nos cœurs : ce doit être là notre plus cher héritage, et nous chantons en vain les louanges de saint Merry, si la sainteté de notre vie n'accompagne pas le tribut de gloire que notre langue rend à sa vertu.

Ce Saint naquit dans un Bourg près de la ville d'Autun, au commencement du septième siècle, issu d'une maison noble ; il oublia dès le premier usage de sa raison les avantages de cette naissance selon la chair, pour ne s'occuper que de la naissance spirituelle, que la grâce du baptême lui avait donnée. Il comprit bientôt la gloire et les engagements de cette divine régénération. Le monde lui parut un séjour fatal à l'innocence. Il le quitta avant qu'il eût le loisir de s'y corrompre, et prévenant l'âge où les passions commencent à menacer le cœur de l'homme, il renonça aux douceurs de la maison paternelle, pour suivre l'esprit qui l'appelait au désert. Sa famille s'opposa inutilement à une si sage résolution ; ce jeune enfant rompit tous les liens de la nature, et se crut permis de se choisir un meilleur Père que le sien, c'est-à-dire, le Père céleste auquel il se voulait dévouer : on le vit à l'âge de treize ans retracer dans l'ordre de Saint-Benoît la vie pénitente de son saint Patriarche. Il prenait toujours à la lettre, et dans le sens le plus rigide, ce que la règle avait de plus austère. Ses jeûnes d'une semaine entière n'étaient interrompus que par deux repas composés de pain d'orge, et d'un peu d'eau. Ses oraisons étaient ferventes et continuelles. Le cilice domptait sa chair, les vertus les plus humiliantes étaient son exercice ordinaire ; toujours attentif à rendre ses actions dignes des regards de Dieu, et à les dérober à ceux des hommes.

Mais comme les Justes, selon l'expression du Sage, marchent dans une voie brillante, dont la lumière croît et s'augmente à chaque pas qu'ils font, quelques mesures que l'humilité fit prendre à saint Merry pour se cacher aux hommes, sa vertu lumineuse ne put être renfermée dans l'obscurité de la solitude où il était enseveli avec Jésus-Christ. Dieu voulut qu'après avoir vécu si saintement pour lui seul il vécût pour les autres, et le mit à la tête d'un grand nombre de Religieux.

Ce ne fut qu'en tremblant que ce serviteur fidèle entendit la voix de son Maître qui l'établissait pour gouverner sa famille ; pénétré de son indignité, il compta la multitude de ses devoirs, et plein de confiance en la divine miséricorde, il se prépara à les accomplir : le saint Abbé ne voulut de sa dignité que le poids et les fatigues, ne commanda à ses frères que par son humilité, ne fut au-dessus d'eux que par la supériorité de sa vertu, afin de les gagner tous.

Dieu confirma l'élection de ce fidèle serviteur par le don des miracles : il lui donna le pouvoir de pénétrer les cœurs de ceux qui étaient soumis à sa conduite ; de guérir la langueur de leurs âmes; de dissiper leurs tentations : tantôt pour rendre à un Religieux le goût de la piété qu'il avait perdu, il suffisait à Merry de rompre avec lui son propre pain, et cette nourriture corporelle bannissait de cette âme malade le dégoût : tantôt se dépouillant de sa robe pour en revêtir un autre que le mauvais esprit consumait, il brûlait par ce simple attouchement le Démon même, le forçant de lui demander à son tour de le délivrer de ces flammes vengeresses auxquelles il l'avait livré.

Cependant ce don des miracles, quelque précieux qu'il fût, effraya saint Merry. Les peuples attirés par le bruit de ces prodiges lui parurent apporter jusque dans son Monastère la figure du siècle, effacée depuis si long temps dans son cœur. Il en sortit, cherchant dans l'obscurité des forêts, un asile contre la gloire qui le suivait malgré lui ; mais toutes ses pré-

cautions furent inutiles : il ne put tromper
longtemps la vigilance de ceux dont la sancti-
fication devait être en partie le fruit de ses soins
paternels ; il fut découvert dans sa retraite ; il
versa des larmes abondantes et sincères ; il
disputa autant qu'il put sa solitude aux prières
et aux empressements de ceux qui avaient tant
d'intérêt de l'en arracher ; jusque-là qu'il
réduisit son Évêque à le menacer des foudres
de l'Église. Il se rendit enfin, l'obéissance força
l'humilité, et la charité consomma l'une et
l'autre de ces vertus.

Ce fut alors qu'il redoubla son zèle et sa
tendresse pour son cher troupeau, à qui Dieu
le donnait une seconde fois, et il mérita enfin
par sa fidélité d'obtenir ce qu'il avait si ardem-
ment désiré, c'est-à-dire, de se cacher pour
toujours et de se faire une solitude, où il pût
sans distraction méditer les grands jours de
l'Éternité. Il quitta dans sa vieillesse une seconde fois son Monastère, y laissant des Saints
qu'il avait formés, la discipline monastique en
vigueur, et une mémoire précieuse de ses vertus. La Providence le conduisit dans une forêt
près Paris, les miracles annoncèrent de loin
sa venue, sa route fut semée de peuples et de
prodiges, les prisons de Melun s'ouvrirent à son
passage, et les captifs eurent l'heureuse liberté
de voir l'homme de Dieu. Il se fit de ses pro-
pres mains un sépulcre dans le lieu où l'on voit
aujourd'hui une Chapelle. Il y passa près de
trois années à se préparer à sa dernière heure,
et y laissa enfin les précieuses dépouilles de
sa chair mortelle, voulant être encore caché

après sa mort, comme il l'avait été pendant sa vie. Ainsi en avait ordonné l'humilité ; mais la Providence en ordonna autrement, les fréquents miracles qui se faisaient à son tombeau obligèrent les fidèles d'en tirer ses précieuses Reliques. On éleva à la gloire de ce Saint le superbe Temple qui porte son nom. Ses cendres sacrées furent visitées et placées sur l'Autel, honneur dû aux Martyrs que la persécution ou la pénitence ont couronnés. Puisse-t-il toujours de ce lieu élevé protéger son peuple, et puisse son peuple par l'imitation d'une si sainte vie, se rendre digne d'une si puissante protection.

OFFICE

DE

SAINT MERRY.

A LA MESSE.

INTROÏT.

Vous m'avez pris par la main droite, Seigneur, vous m'avez conduit selon votre volonté, et vous m'avez fait entrer dans la gloire. Alleluia, alleluia. *Ps.* Que le Dieu d'Israël est bon à ceux qui ont le cœur droit. Gloire. Vous m'avez pris.

Tenuisti manum dexteram meam, Domine, et in voluntate tua deduxisti me et cum gloria suscepisti me. Alleluia, alleluia. *Ps.* Quam bonus Israel Deus, his qui recto sunt corde. Gloria. Tenuisti. *Ps* 72.

COLLECTE.

Soutenez de votre divin secours, ô mon Dieu, vos serviteurs qui espèrent en votre miséricorde; et donnez-leur la paix et l'union par les mérites et les prières du saint abbé Merry, dont ils célèbrent les vertus; par Notre Seigneur J.-C., qui étant Dieu vit et règne avec vous, en l'unité du Saint-Esprit, dans tous les siècles des siècles.
℞. Ainsi soit-il.

Familiam túam, Deus, in tua misericordia sperantem, cœlesti protege benignus auxilio: ut, quæ de beati Mederici Abbatis virtutibus gloriatur, ejus meritis et intercessione, perpetua pace et unitate lætetur; Per Dominum nostrum Iesum Christum Filium tuum, qui tecum vivit et regnat in unitate Spiritus Sancti Deus, per omnia secula seculorum
℞. Amen.

ÉPITRE.

Lectio beati Pauli Apostoli ad Romanos. *C.* 12.

OBSECRO vos, fratres per misericordiam Dei ut exhibeatis corpora vestra hostiam, viventem, sanctam, Deo placentem, rationabile obsequium vestrum. Et nolite conformari huic seculo, sed reformamini in novitate sensus vestri: ut probetis quœ sit voluntas Dei bona, et beneplacens, et perfecta. Dico enim per gratiam quæ data est mihi, omnibus qui sunt inter vos non plus sapere, quam oportet sapere, sed sapere ad sobrietatem : et unicuique, sicut Deus divisit mensuram fidei.

Leçon de S. Paul Apôtre, aux Romains. *Ch.* 12.

JE vous conjure, mes Frères, par la miséricorde de Dieu, de lui offrir vos corps, comme une hostie vivante, sainte et agréable à ses yeux pour lui rendre un culte raisonnable et spirituel. Ne vous conformez point au siècle présent ; mais qu'il se fasse en vous une transformation par le renouvellement de votre esprit, afin que vous reconnaissiez quelle est la volonté de Dieu, ce qui est bon, ce qui est agréable à ses yeux, et ce qui est parfait. Je vous exhorte donc tous par la grâce qui m'a été donnée, de ne vous point élever au-delà de ce que vous devez dans les sentiments que vous avez de vous-mêmes ; mais de vous tenir dans les bornes de la modération selon la mesure du don de la foi que Dieu a départi à chacun de vous.

GRADUEL.

Secesserat in desertum, locum ibique interferas vitam cum suis agebat, ne participes essent coinquinationis. 2. *Mach.* 5.

℣. Descenderunt multi quærentes judicium, et justiciam, in desertum : et sederunt ibi. 1. *Mach.* 2.

Il s'était retiré dans un lieu désert, où il vivait avec les siens parmi les bêtes, afin de ne prendre point part à ce qui souillait les autres.

℣. Plusieurs qui cherchaient à vivre selon la loi et la justice se retirèrent dans le désert et y demeurèrent.

Alleluia, alleluia. ℣. La solitude poussera et germera de toutes parts, elle sera dans une effusion de joie et de louange. Alleluia.

Alleluia, alleluia. Germinans germinabit solitudo, et exultabit lætabunda et laudans. Alleluia. *Isai* 35.

PROSE. *Gourdan de S. Victor.*

QUE la ville capitale de la France célèbre vos louanges, Merry! de ce que vous daignez l'honorer de votre protection.

Vous renoncez aux plaisirs et aux richesses; et vous quittez vos parents, sitôt que Dieu vous l'ordonne.

Que la victime que vous offrez est noble! qu'elle est recommandable par votre foi! qu'elle est pure par votre oblation!

Vous ne buvez que de l'eau, vous ne mangez que ce qu'il y a de plus vil; et si votre nourriture a quelque goût, elle ne vient que de la douceur que Dieu y répand.

Vous domptez votre corps par une chemise de crin hérissée de pointes de fer et vous le mortifiez par de rudes travaux.

Votre mérite est cause qu'on vous met à la tête d'un troupeau, en vous faisant Abbé d'un Monastère: mais bien que par vos vertus vous soyez élevé au-dessus de tous, vous vous humiliez et abaissez au-dessous de tous par l'amour que vous avez pour eux.

En revêtant de votre tunique un de vos Religieux,

TE canat Urbs regia,
Mederice! lilia,
Dum foves præsidio.

TE jocis parentibus;
Abdicas et opibus,
Numinis imperio,

Victima quam nobilis!
Quam fide spectabilis!
Quam pura libamine!

LYMPHA potum præbuit,
Vilis esca sapuit
Ex Dei dulcedine.

SETIS ferro rigidis
Corpus domas; validis
Immolas laboribus.

TUM gregi præficeris;
Et amore subderis,
Et præis virtutibus.

QUEM cupido corripit,

Tartarus quem abripit,
Datâ veste liberas.

QUEM vaga mens avo-
cat,
Et à templo revocat,
Fruge sacrâ reparas.

CÆCO visus redditur;
Ægro languor tollitur;
Reo cadunt vincula.

CALCANS famam no-
minis,
Pensans pondus culmi-
nis,
Paves ad pericula.

FRUSTRA, sed in sal-
tibus,
Vel profundis vallibus
Fugitivus latitas.

FRATRUM currunt ag-
mina,
Præsul vibrat fulmina,
Ni regimen repetas.

FLENTEM exultanti-
bus,
Trepidum plaudenti-
bus,
Mox te reddis filiis.

HÆC ô cœli pietas!
Silvis tandem civitas
Te celat imperviis.

vous le délivrez des flammes de l'impureté et de la tentation du Démon, à laquelle il allait succomber.

En donnant à un autre du pain que vous avez béni, vous calmez son esprit, et vous l'empêchez de sortir de l'Église avant la fin de l'Office.

Vous rendez la vue aux aveugles, la santé aux malades, la liberté aux prisonniers.

Quoique vous méprisiez l'éclat de votre réputation, vous ne laissez pas de sentir le poids de la dignité dont vous êtes chargé, et vous tremblez à la vue des dangers qui vous menacent.

Vous fuyez pour vous cacher, tantôt dans d'épaisses forêts, tantôt dans de profondes vallées, mais c'est en vain.

Vos Religieux y accourent en foule; et votre Évêque va lancer contre vous la foudre de l'excommunication, si vous ne reprenez la conduite de votre Monastère.

Vous revenez vous rendre à vos enfants, qui s'en réjouissent, quoique vous en versiez des larmes, et qui tressaillent d'allégresse, pendant que vous tremblez de peur.

O Providence ineffable de Dieu! ce lieu où est maintenant cette fameuse Ville, vous dérobe enfin à la vue des hommes, en vous cachant dans l'épaisseur de ses forêts inhabitées

Mais pendant que vous vous servez de cette sombre retraite, pour ne vous occuper que de Dieu, vous passez des ténèbres de cette vie à la vraie lumière de l'éternité.

Voilà la fin que Dieu a mise à vos travaux, le repos dont il récompense vos fatigues, la couronne dont il vous honore après votre combat.

Votre corps est mis dans un tombeau, et pour satisfaire aux vœux des Fidèles, on élève au-dessus un autel.

Quelle joie pour les Citoyens de cette Ville ! vous consolez les affligés, vous rendez la santé aux malades.

Grand Saint ! qui jouissez maintenant de la vue de Dieu, ouvrez nous le même chemin que vous avez tenu pour monter au Ciel.

Faites qu'en versant des larmes semblables à celles que vous versiez pendant votre vie, nous puissions chercher et trouver la joie dont les Saints sont remplis dans l'éternité bienheureuse. Ainsi soit-il.

AT dum præbet latebras
Cœlo fixus tenebras,
Vero mutas lumini.

HÆC meta laboribus,
Requies sudoribus.
Laurea certamini.

ANTRO corpus conditur,
Ara superponitur,
Mille votis debita.

QUAM cives propitio
Recreas solatio,
Quam salute reddita !

O Deo, qui frueris ;
Pande nobis ætheris
Pari via regiam.

FAC æternam dulcibus
Quos his dabas fletibus
Quærere lætitiam.
Amen.

ÉVANGILE.

Sequentia sancti Evangelii secundùm Matthæum. *Cap.* 19.

In illo tempore : Respondens Petrus dixit ad Jesum : Ecce nos reliquimus omnia, et secuti sumus te : quid ergo erit nobis ? Jesus autem dixit illis : Amen dico vobis, quod vos qui secuti estis me, in regeneratione, cum sederit Filius hominis in sede majestatis suæ, sedebitis et vos judicantes duodecim Tribus Israel. Et omnis qui reliquerit domum, vel fratres, aut sorores, aut patrem, aut matrem, aut uxorem, aut filios, aut agros, propter nomen meum, centuplum accipiet et vitam æternam possidebit.

Credo in Deum.

Suite du saint Evangile selon saint Mathieu. *Ch* 19.

En ce temps-là : Pierre prenant la parole, dit à Jésus : Pour nous autres, vous voyez que nous avons tout quitté, et que nous vous avons suivi : qu'elle sera donc la récompense que nous en recevrons ? Jésus leur dit : Je vous dis en vérité que pour vous qui m'avez suivi ; lorsqu'au temps de la régénération, le Fils de l'homme sera assis sur le trône de sa gloire, vous serez aussi assis sur douze trônes, et vous jugerez les douze Tribus d'Israël. Et quiconque abandonnera pour mon Nom sa maison, ou ses frères, ou ses sœurs, ou son père, ou sa mère, ou sa femme, ou ses enfants, en recevra le centuple, et aura pour héritage la vie éternelle.

Je crois en Dieu.

OFFERTOIRE.

Dirupisti vincula mea, Domine, tibi sacrificabo hostiam laudis ; vota mea domino reddam in conspectu omnis populi ejus. *Ps.* 115

Vous avez rompu mes liens, ô mon Dieu ; c'est pourquoi je vous offrirai un sacrifice de louanges. Je m'acquitterai des vœux que je vous ai faits en présence de votre peuple.

SECRÈTE.

RECEVEZ, Seigneur, les prières et les Hosties que nous vous offrons : et accordez-nous de faire mourir par l'esprit, à l'imitation de saint Merry, les désirs et les affections de la chair ; afin de ne plus vivre que pour vous ; par N. S. J. C.

SUSCIPE, quæsumus, Domine, quas tibi preces et hostias offerimus : et concede, ut Sancti Mederici, Abbatis, imitatione, desideria carnis spiritu mortificantes, tibi soli vivamus. Per.

COMMUNION.

Le Seigneur qui a été votre conducteur dans le désert, a fait sortir des ruisseaux de la pierre la plus dure ; et c'est lui qui vous a nourri de la manne dans la solitude. Alleluia.

Dominus ductor tuus eduxit rivos de petra durissima, et cibabit te manna in solitudine. Alleluia. *Deut.* 8.

POSTCOMMUNION.

SANCTIFIEZ, ô mon Dieu, par la vertu de ces Mystères, et l'intercession de saint Merry, les cœurs de vos fidèles, afin qu'étant purifiés de tout désir charnel, ils soient délivrés des périls de cette vie, et affermis dans l'espérance des dons éternels ; par N. S. J. C.

SANCTIFICA, Domine, per hæc Mysteria tuorum corda fidelium, intercedente beato Mederico Abbate : ut a terrena cupiditate mundati, et præsentis vitæ periculis liberentur, et donis firmentur perpetuis. Per Dominum.

A VÊPRES.

PSAUME 109. Dixit dominus. — *le Dimanche à Vêpres.*

Ant. 1. D. Tempus resolutionis meæ instat. Reposita est mihi corona justitiæ, quam reddet mihi Dominus in illa die justus judex. *II Timoth.* 4.

Ant. Le temps de ma mort s'approche : j'attends la couronne de justice, qui m'est réservée, et que le Seigneur, comme un juste Juge, me rendra en ce grand jour.

PSAUME 83. Quam dilecta.

Ant. 6. C. Concupiscit et deficit anima mea in atria Domini.

Ant. Mon âme languit et se consume du désir d'entrer dans la maison du Seigneur.

PSAUME 141. Voce mea ad Dominum.

Ant. 5. A. Educ de custodia animan meam, ad confitendum nomini tuo, Domine. *Ps.* 141.

Ant. Seigneur, tirez mon âme de cette prison, afin que je bénisse éternellement votre nom.

PSAUME 114. Dilexi, quoniam exaudiet Dominus. — *le Lundi à Vêpres.*

Ant. 8. G. Sitivit anima mea ad deum, fortem, vivum : quando veniam, et apparebo ante faciem dei? *Ps.* 41.

Ant. Mon âme brûle d'une soif ardente de jouir de Dieu, du Dieu vivant et fort : quand sera-ce que j'irai paraître devant lui ?

PSAUME 119. Ad dominum, cum tribularer, clamavi. — *le Mardi à Vêpres.*

Ant. 7. D. Ego in justitia apparebo conspectui tuo, Domine, satiabor cum apparuerit gloria. *Ps.* 16.

Ant. Je paraîtrai devant vous, Seigneur, avec la seule justice; et je serai rassasié, lorsque vous m'aurez fait paraître votre gloire.

CAPITULE. *II. Cor. 5.*

Nous savons que si cette maison de terre, où nous habitons, vient à se dissoudre, Dieu nous donnera dans le ciel une maison qui ne sera point faite de main d'homme, et qui durera éternellement. C'est ce qui nous fait soupirer dans le désir que nous avons d'être revêtus de la gloire de cette maison céleste.

Scimus, quoniam si terrestris domus nostra dissolvatur; ædificationem ex Deo habemus æternam in cœlis : nam et in hoc ingemiscimus habitationem nostram, quæ de cœlo est, super indui cupientes.

HYMNE. *Santeul de S. Victor.*

Quel est ce nouveau venu à Paris, à qui les Citoyens, désirant avec ardeur d'avoir deux Patrons, ont consacré une nouvelle Eglise sur l'anciene Chapelle de St. Pierre.

C'est Merry, homme illustre par ses exemples, riche en mérites, puissant en paroles ; citoyens et étrangers, chantons ensemble ses louanges.

En quittant ses parents, dès sa plus tendre jeunesse, il quitta sa chère patrie, pensant sérieusement à s'en faire une plus agréable dans le Ciel.

Quoiqu'il eût toujours obéi avec joie, et avec une entière soumission aux ordres de son père ; étant

Quis Parisini novus
  hospes agri,
Cui novam Petri veteri
  sub ara,
Ambiens civis duplicem
  Patronum
  Consecrat ædem ?
CLARUS exemplo, meritis abundans.
Et potens verbo, Medericus hic est,
Hujus in laudes sociate
  cantus
  Civis et hospes.
FLORE sub primo viridis juventæ
Patriam dulcem, simul
  et parentes
Dulcius cœlum meditans
  profunda
  Mente reliquit.
ILLE qui semper data
  jussa patris
Promptus implebat, docilisque semper,

Spíritus ductus melióre,
    Jussa paréntis.

Vidit ut natum bene
    Contumácem,
Páruit nato pater, et
    negátum
Mente   sedáta   tibi,
    Christe,   redit
    Et vovet aris.
Liber ut curis stre-
    pitúque rerum,
Vix domo sancta júve-
    nis recéptus.
Cum palam virtus me-
    tuens vidéri,
    Nota refúlsit.
Laudis írrepat mala
    ne cupído,
Hirta quæ setis riget,
    atque ferro
Jam fatiscéntes lácera-
    bat artus
    Íntima vestis.
Qui diu pro te vóluit
    latére
Et graves pro te tole-
    ráre pœnas,
Íllius fac nos prece,
    Christe, duros
    Ferre labóres.
Patris et Nati reci-
    néndo laudes
Mútuum linguæ cele-
    brent amórem :
Omnis et mundi plaga
    tres in uno
    Númine adórent.
    Amen.

℣. Adimplébis me læ-
títia. ℟. Cum vultu tuo,

néanmoins conduit par un mouvement du Ciel, il n'eut point d'égard à l'opposition que son père y forma.

Aussi ce dernier, ayant reconnu les justes raisons de son fils, s'y soumit ; et revenu à lui-même, il vous le rendit, Seigneur, et le consacra à vos Autels.

A peine dégagé des embarras du monde, se fut-il retiré dans un monastère, que sa vertu qu'il s'étudiait de cacher, parut dans tout son éclat.

Et de crainte que la vaine gloire ne se glissât dans son esprit, une haire garnie de fer mortifiait sa chair déjà abattue par plusieurs autres austérités.

Accordez-nous, Seigneur, par les prières de celui qui a bien voulu se cacher si longtemps, et tant souffrir pour vous, la grâce d'endurer les mêmes peines.

Que tous les hommes, en faisant retentir les louanges du Père et du Fils, louent en même temps le Saint-Esprit, qui est le lien de leur amour : que toutes les nations adorent ces trois Personnes en un seul Dieu. Ainsi soit-il.

℣. Seigneur, vous me rassasierez de joie. ℟. Lors-

que je jouirai de votre
gloire.

Domine. *Ps.* 15.

A Magnificat.

Ant. 2. Celui qui craint le Seigneur, se trouvera heureux à la fin de sa vie, et il sera béni au jour de sa mort. Alleluia.

Ant. 1. J. Timenti Dominum, bene erit in extremis; et in die defunctionis suæ benedicetur. Alleluia. *Eccl.* 1.

ORAISON *comme à la Messe.*

A COMPLIES.

PSAUMES *du Dimanche.*

Ant. Ses os ont été conservés avec soin, et ils ont prophétisé après sa mort.

Ant. 2. a. Ossa ipsius visitata sunt, et post mortem prophetaverunt *Eccl.* 49.

A Nunc dimittis.

Ant. C'est le véritable ami de ses frères et du peuple; c'est lui qui prie Dieu avec instance pour le peuple et pour toute la ville.

Ant. 6. C. Hic est fratrum amator, et populi : hic est qui multum orat pro populo et universa civitate. *II. Mach.* 15.

AU SALUT.

Paris. — Imprimerie SIMONET-DELAGUETTE.